13

はじめに

その昔、滋賀県の湖西地域を走っていた非電化私鉄があった。その名は江若鉄道。近江の国（滋賀）の「江」と若狭（福井県嶺南地域）の国の「若」と結ぶ目的として開業した私鉄であった。滋賀県を代表する琵琶湖の西岸を、南は大津から北は今津までの区間を結んでいた路線で、開業から廃線に至るまで非電化であった。そのため昭和30年代前半までは蒸気機関車での運転も行われていた。

非電化私鉄ではあったが蒸気列車オンリーではなく、昭和初期からその当時の最新車両でもあった気動車（ガソリンカー・ディーゼルカー）も導入されており、また当時としては大型である17m級の気動車も昭和1桁代に登場している。

関西の非電化鉄道としては長距離の部類となる、路線延長約51kmを誇った江若鉄道。1920

（大正９）年に創立され鉄路が開業したのが翌1921（大正10）年３月15日のことであった。最初に開業した区間は車庫があった三井寺（現在の三井寺下）〜叡山間の約６kmで、その後順調に営業距離を伸ばし約10年後の1931（昭和６）年には近江今津まで開業している。しかしここで資金が尽きてしまい、免許を得ていた福井県三宅村（当時）までの区間は鉄道として開業されることなく建設は終わっている。

　そんな江若鉄道も2021（令和３）年３月で開業100周年を迎え、また1969（昭和44）年に廃線になってから52年が経過し、すでに廃線後の時間経過の方が長くなった。晩年期には気動車大国として親しまれた関西非電化私鉄、江若鉄道を思い返してみたいと思う。

白髭駅に到着するキハ51。湖上に白髭神社の鳥居があるのが特徴。　1969.9.18　白髭　P：高橋　弘

1. 近江の国の鉄道の歴史

(1) 舟運を介しての鉄道開通

滋賀県の鉄路の歴史は1880（明治13）年６月、後に東海道本線となる京都～大津間の開業から始まる。最初の鉄路は京都府と滋賀県の府県境から大谷までのわずか約１kmほどであった。その後大谷から大津（現在の京阪大津線びわ湖浜大津）までの区間が開業しているが、この区間には日本初の山岳トンネルとして開通した逢坂山トンネルが存在している。これは現在の東海道本線の逢坂山トンネルとは異なる600m強のトンネルで、日本人の技術者によって貫通されたのも歴史的なできごとであった。

当時の大津駅へは途中馬場駅（現在の膳所駅、1934年に改名）でスイッチバックして到着していたが、これは東海道本線の大阪・京都方面から中部・関東方面への連絡が琵琶湖で運行された汽船によって行われた経緯によるものである。かねてより大津は東海道53次の53番目の宿場として道中最大の規模を誇っていたが、逢坂山から浜大津までの区間は急勾配となり鉄路には向かない地形となっていたため、一旦馬場駅まで進んでからスイッチバックする形で大津の港に到着するほかなかったのである。

大津から先は北陸方面などに向かう交通手段として、1869（明治２）年に運行を開始した汽船が海津（現在の湖西線マキノ付近）まで運行されていた。その後1882（明治15）年に敦賀から長浜までの鉄路が開業すると、大津～長浜間で日本初の鉄道連絡船が運行されるようになった。1883（明治16）年には長浜から関東方面に向けての鉄路の延伸が始まり、まずは関ヶ原まで開業、現在の東海道・北陸本線の基礎となる鉄路が滋賀県内は琵琶湖の鉄道連絡船を介して開通することになった。

1889（明治22）年になると東海道本線の湖東側の鉄路となる馬場～米原間が開通し、琵琶湖を使った鉄道連絡船は廃止されている。このように琵琶湖を取り囲んでの北陸方面と湖東の東海道本線の鉄路建設は早くから行われたが、湖西側の鉄道建設は、嘆願はあったもののなかなか進まなかった。

(2) 湖西側の鉄道建設

古くから湖西は越前の国と京都を結ぶ街道として利用されてきた。また若狭と京都を結ぶ食の街道として

６号機。ディーゼル機関車が本格導入されるまでは貨物は蒸気機関車での運転であった。　三井寺下　P：高橋　弘

現在もその名前を残す「鯖街道」は湖岸地域の街道ではないが、やはり湖西側の街道として多くの往来があったところである。そんな京都と越前の国(現在の福井県)を結ぶにはやはり湖西側に鉄道が必要ということになり、江若鉄道以前にも鉄道敷設の動きがあった。

明治30年前後には私鉄建設ブームに乗っていくつかの鉄道建設の計画が出願されている。そのひとつが京北鉄道で、京都吉田から修学院、八瀬、途中峠を越えそのまま琵琶湖まで出て小松、高島、今津に至る路線計画が1894(明治27)年に出願されている。翌年には京都岡崎から蹴上、日ノ岡、大津とほぼ現在の京阪京津線のルートを通ってそこから琵琶湖岸を北上して今津を経由し、福井県の敦賀に至る計画に変更のうえで再度出願されている。湖西方面の免許は結局下りず、京都と大津を結ぶ区間のみが許可されたが、1902(明治35)年には失効して計画倒れとなっている。

それと同時期に福井県側の発起人が計画したのが小浜鉄道で、1895(明治28)年に福井県小浜と滋賀県今津を結ぶ区間に建設計画が出願されている。計画はその後大津までの区間となり、こちらの鉄道計画は免許こそ下りたものの、結局株主などが集まらずに1900(明治33)年に失効してしまった。

また明治の末期になると、より鉄路を簡単に敷設できるように軽便鉄道法が公布され、それに合わせるように1913(大正２)年に近若軽便鉄道が下阪本から今津を経由して若狭の三宅村までの免許を出願している。免許は下りていたが、結局工事は開始されることなくに1918(大正７)年に免許は失効している。

このように明治時代から大正時代前期まで、免許を出願しては失効することの繰り返しとなっていたが、これはこの当時、陸の交通手段より琵琶湖での海上輸送の方が盛んで、大量輸送にも適していたからかもしれない。

■江若鉄道 路線概略図

作図：編集部

夏の多客時に運転された客車列車。蒸気機関車1118号機が木造客車ホハ101形３両を牽引する。　1954.7　比叡付近　P：高橋　弘

(3) 江若鉄道の創立

湖西の鉄路の建設を一気に進める結果となったのは、1917(大正６)年12月に森正隆滋賀県知事が誕生したことがきっかけであった。翌年今津を訪れた知事が地元の議員から嘆願されたことにより、その希望に応えるため行動を開始した。高島郡の郡長には鉄道建設の指令を出し、大津より福井県三宅村までの区間の建設を計画した。1918(大正７)年12月には福井県の地元にも協力得て大津市、滋賀郡、高島郡、福井県の有志15名連名による鉄道敷設免許申請書が政府に提出されたが、その当時すでに大津～坂本間の鉄道免許を持っていた大津電車軌道(現在の京阪電鉄石山坂本線)との敷設権の譲渡に失敗してしまった。しかし地元の政治家たちの努力により政治的決着が行われ、1918(大正７)年８月19日に無事免許が下附された。

しかし工事着工まではまだ難関があり、明治期に他の湖西地区の鉄道建設に失敗した最大の理由である株式募集があった。江若鉄道の発起人たちは鉄道敷設のための資金400万円(当時価格)を得るために高島郡80万円、滋賀郡80万円、大津市30万円、延暦寺20万円、福井県100万円、その他滋賀県有力者関係筋90万円として、株式で資金を集めることを開始した。当時は第一次世界大戦後の不況で物価が下落していた時期で、なかなか思うように資金が集まらなかったが、これも地元政治家並びに沿線の住人たちの力によって成し遂げられた。

また、滋賀県の有力者に求めた株式も難航したが、最終の引受先には延暦寺が大延忌に開通を間に合わせる条件で引き受け、延暦寺が全国の末寺に分配して資金を調達した。株式での資金調達は約１年掛かったが無事に調達ができ会社創立総会に進み、1920(大正9)年１月に大津商工会議所にて開催された。

1118号機の牽引する貨物列車。沿線の貨物輸送も江若鉄道の使命であった。
1953.8.21　滋賀付近
P：高橋　弘

■江若鉄道路線図

琵琶湖畔を走るハフ7号。　　　1969.9.18　白髭付近　P：高橋　弘

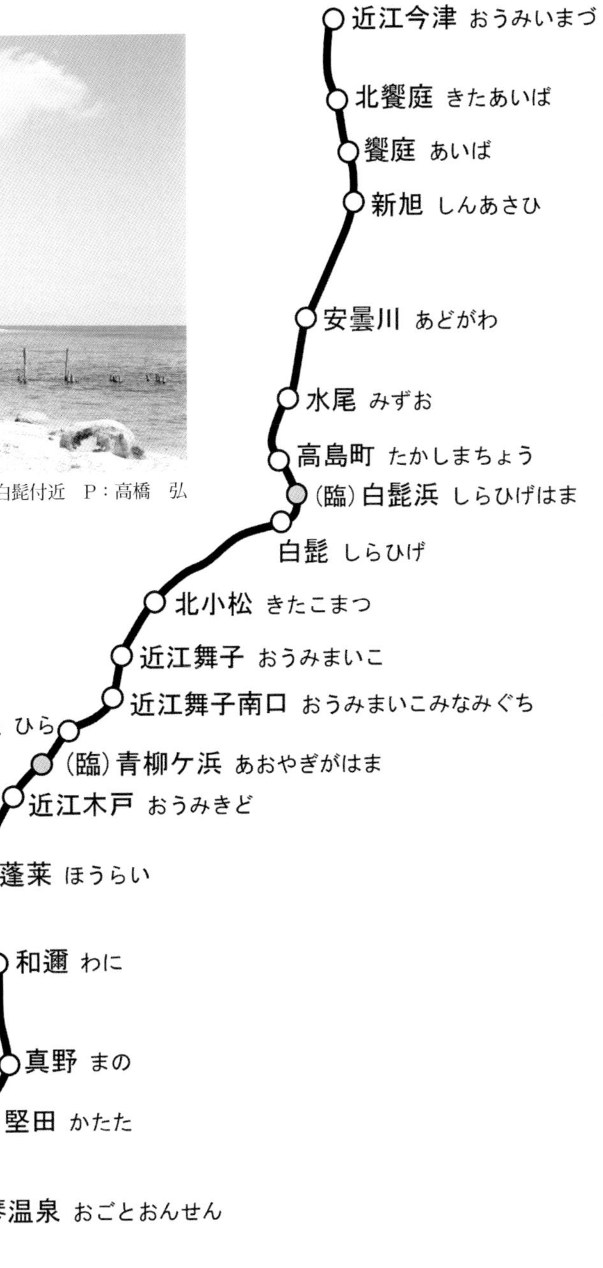

皇太子殿下ご来訪の当日、三井寺下駅に並んだ国鉄客車スハニ35形、キニ6号気動車、1118号蒸気機関車。　1959.8.9　三井寺下　P：高橋　弘

作図：編集部

浜大津駅に停車中のキニ９ほか２両編成。元は東海道本線の大津駅として開業した浜大津駅は、国鉄との連絡駅であった。
1951.7.9　浜大津　P：高橋　弘

(4) 鉄路建設

会社創立後、ただちに建設工事が開始された。1921(大正10)年３月に実施される比叡山延暦寺宗祖伝教大師1100年大遠忌法要に合わせて開業させるため、工事はまず三井寺(後の三井寺下)～叡山間を先行して1920(大正９)年６月に着手されている。その他の区間も順次工事が開始されていたが、まず工事が先行していた三井寺～叡山間が1921(大正10)年３月に運行開始。この時は他の鉄道と接続していない孤立路線であった。

延伸はまず今津方面に進み、1923(大正12)年４月には雄琴までの区間が、同年12月には堅田まで、1924(大正13)年４月には和邇まで、1925(大正14)年には三井寺下から国鉄浜大津駅近くまで延伸して孤立路線を解消した。

今津方面の延伸は1926(大正15)年４月に近江木戸、同年８月に雄松(後の近江舞子)、1927(昭和２)年４月に北小松、同年12月に大溝(後の高島)、1929(昭和４)年６月に安曇(後の安曇川)と続き、1931(昭和６)年１月に近江今津まで開業した。

約10年の建設期間で総延長51kmの路線が完成したが、この時点で資本金400万円を大きく上回る550万円を建設資金で使ってしまったことから、福井県三宅までの区間の工事は放棄されてしまい、江若鉄道の「若」までの延伸は夢となってしまった。

浜大津から国鉄線に乗り入れ膳所へ向かうキニ12号。線路の横には琵琶湖湖面が迫っている。　1950.3　浜大津付近
P：高橋　弘

昭和20年代前半までは、江若鉄道が開通時から延伸にともに導入した鉄道省からの払い下げ機関車が数多く存在していた。写真は1926(昭和元) 年に導入された４形10号機(元総武鉄道→鉄道省)。　三井寺下　P：高橋　弘

三井寺下で休む気動車と蒸気機関車たち。

三井寺下　P：高橋　弘

(5) 開通

こうして比叡山延暦寺宗祖伝教大師1100年大遠忌法要開催(江若鉄道が開業した翌日の1921(大正10)年3月16日～4月4日に開催)のために先行開業されたのが三井寺から叡山までの約6kmの期間であった。途中に滋賀駅を設けたわずか2区間であったが、法要時には多数の乗客を輸送した。この開通時に活躍した車両は1・2号機関車と2軸客車が6輌であった。

開通当時はまだ競合路線となる大津電車軌道も未開通であったため(三井寺から坂本までの区間は琵琶湖鉄道汽船になってから開業)、法要輸送が無事終了した後も比叡山のお膝元であった坂本地域の交通手段として利用された。

法要後は湖西を北上する工事が開始され、段階的に部分開通を繰り返し、10年後の1931(昭和6)年1月1日には終点となる今津まで到達している。また同年11月から大溝(後の高島町)～今津間の路線バスを運行開始している。その実績からか、鉄道未開通の今津から福井県三宅までの区間はバスでの運行もされるようになった。

明治年間に製造された旧関西鉄道の木造客車も4両が江若鉄道に譲渡され、夏の湖水浴客を運ぶ客車列車などとして活躍した。

1954.8.22　浜大津　P：高橋　弘

キニ11号を先頭にしたDDT編成。塗色が金太郎塗りのツートンカラーとなっている。昭和20年代後半になると車両の状態も良くなっている。
1953.8　滋賀—叡山　P：高橋　弘

気動車黎明期に登場した元ガソリンカー、キニ6が客車化されたC7を牽引する。
1950.8.19　滋賀付近　P：高橋　弘

DD1351牽引による混合列車が三井寺下駅に停車中。旧関西鉄道の木造客車が順次更新されている過渡期の姿である。
1958.810　三井寺下　P：高橋　弘

(6) 全線開通後の江若鉄道

今津までの全線が開通した1931(昭和6)年1月の段階では、すでに今津から三宅までの免許は失効していて路線延長は不可能となっており、そのことから地元沿線と未開通部分の地域からの要望で、江若鉄道の国有化の嘆願が1936(昭和11)年頃から出されるようになった。

具体案の最初として1938(昭和13)年頃に北陸本線の改良工事(刀根経由から塩津経由に変更)が開始されたのを契機に国有化運動が始まったが、戦争のために中断されるとそれも収束した。しかし、沿線住民からの国有化運動は時世が落ち着き北陸本線の改良工事が進められると再度起こり、1957(昭和32)年の北陸本線改良工事完成後に塩津～今津間の国鉄線の建設並びに江若鉄道の国有化の計画が再燃した。まず滋賀県と福井県の県議会議員の有志より江若鉄道敷設促進期成同盟が結成され、その後を追うように地元市町村による湖西振興開発期成同盟会が結成されている。

この運動のさなかである1961(昭和36)年5月に塩津から今津までの区間が国鉄建設予定線になり、翌1962年5月には鉄道建設審議会で浜大津～塩津間が予定線から調査線に格上げされ、江若鉄道の国有化の話が一気に進むことになった。そして1964(昭和39)年に調査線から工事線になり、国鉄湖西線の建設が決定された。起工式は1967(昭和42)年1月に行われ、湖西線の建設が開始された。

日本車輌製の旧国鉄キハ42047号を購入したキハ20号が付随車を従えて走る。江若鉄道では末期まで付随車の連結運転が行われていた。
1969.9.18　北小松付近
P：高橋　弘

琵琶湖をバックに走るキハ21号(元国鉄キハ42050) とハフ３号(元キニ３号)。近江木戸付近は琵琶湖に近い風光明媚なところを走っていた。
1969.9.18　近江木戸—蓬莱　P：高橋　弘

江若鉄道末期に登場した総括制御が可能なキハ5121を先頭にした３両固定編成。　1969.9.18　白髭付近　P：高橋　弘

営業運転終了の翌日に運転された４両編成のお別れ列車。　1969.11.1　滋賀—叡山　P：高橋　弘

(7) 国鉄湖西線の工事と江若鉄道の廃止

湖西線の建設開始の時点では、まだ江若鉄道と湖西線建設の交渉が続いている状態であった。これは江若鉄道の路線跡地を使っての建設か、それともより西側の山沿いをトンネルで貫いて建設するかが決まっていなかったからであった。しかし、山側にトンネルを建設するのは費用などを考慮すると無理なことで、最終的には江若鉄道の路線跡地を使うことになって建設が開始された。

それに伴い江若鉄道の社員の再就職先などの労使交渉も行われ、最終的に35歳以下の従業員は国鉄に、36～45歳は京阪電鉄に、46歳以上は原則希望退職となり決着している。最終の鉄道部門従業員は291名で、11月の鉄道廃止に伴い全員が退職している。

お別れ列車運行終了直後には早くも施設の撤去が始められた。
1969.11.1　浜大津　P：高橋　弘

また江若鉄道の跡地のうち約64％が湖西線建設のために買収されている。買収契約は1969(昭和44)年５月に行われ、江若鉄道は同年10月31日が最終営業日、翌11月１日で営業が廃止され、48年間の鉄道運行は終了した。なお鉄道廃止に伴い、会社名は江若鉄道から江若交通に変更されて現在に至っている。

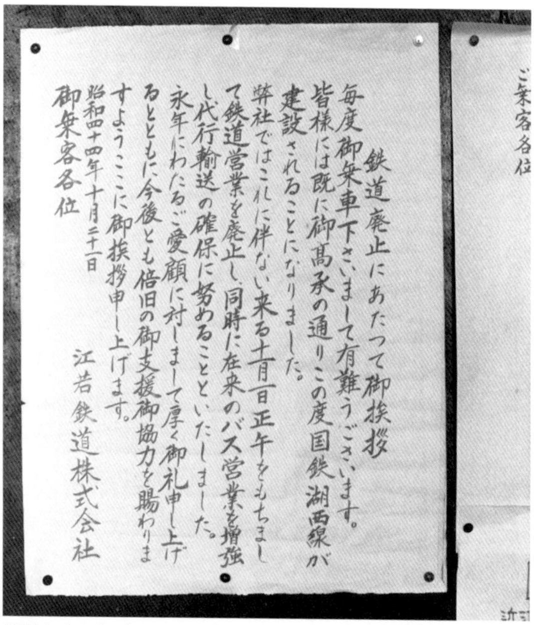

鉄道廃止を告げる江若鉄道からの御挨拶。バス営業を増強し代行輸送の確保に努める旨の記述がある。　1969.11.1　P：高橋　弘

路線廃止に伴い、一部の車両は他の鉄道に譲渡され活躍した。写真は関東鉄道に譲渡されるキハ5121号に掲示された、はなむけの言葉。　　1969.10.30　三井寺下　P：高橋　弘

青大将が湖西の地を走る。1959(昭和34)年８月に饗庭野で行われたボーイスカウトキャンプ大会「第２回日本ジャンボリー」で当時の皇太子殿下が視察に来られるにあたり、競輪場前～近江今津間で臨時列車が運行されている。

客車は国鉄から借り入れた車両で、青大将の客車３輌が使用された。編成は近江今津からスハニ35 6+ナロ10 2+マイテ49 1であった。機関車は江若鉄道の虎の子、DD1351であった。

運転はご宿泊地となっていた琵琶湖ホテルの最寄り駅である競輪場前からご乗車され、全線閉塞された路線を一路終点である近江今津まで運行されている。

1959.8.9　叡山付近　P：高橋　弘

浜大津駅に停車中のキハ5122を先頭にした総括制御車３両編成。浜大津駅は京阪電車の浜大津駅に隣接していた。
1969.10.26　浜大津　P：高橋　弘

2. 江若鉄道の沿線模様

(1) 駅

路線延長51kmを誇った江若鉄道は、南は浜大津から北は近江今津までの区間に途中24の駅が設置されていた。各々の駅を振り返ってみたいと思う。

■浜大津　はまおおつ

浜大津駅の開業は、江若鉄道三井寺下〜叡山間の運転開始から４年後の1925(大正14) 年のことであった。東海道本線の開通時の終点であった大津駅(現在の京阪大津線のびわ湖浜大津駅付近) の北側に設置されたが、1928(昭和３) 年に大津駅から浜大津駅と名称変更された国鉄駅に乗り入れる形で駅を移転している。同時に駅舎も移転して、江若鉄道廃線時まで浜大津の顔となっていた江若浜大津駅舎が建設されている。

ちなみに浜大津駅は江若鉄道廃線時まで国鉄貨物駅も併設されており、駅構内琵琶湖側の門柱には国鉄浜大津駅の看板も併設されていた。また貨物業務は国鉄職員によって行われており、後に江若職員が貨物業務の委託を受けて業務をこなすようになった。

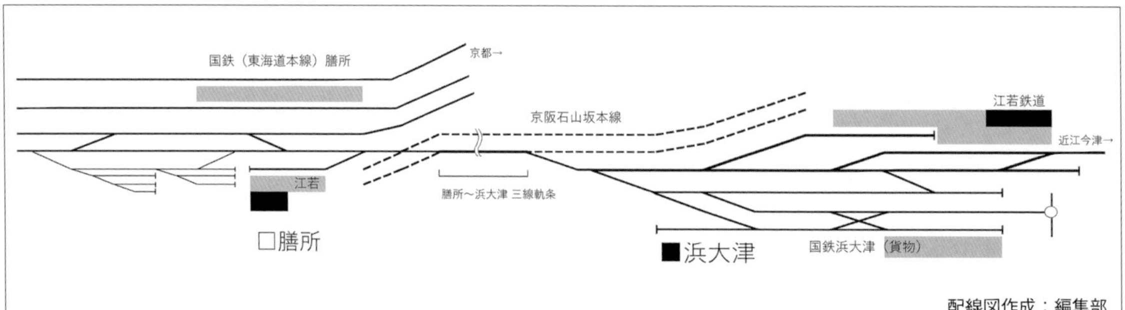

配線図作成：編集部

浜大津駅の西側から駅舎を見た光景。２階建ての駅舎は道路から階段で上がるタイプの駅舎であった。手前に見える併用軌道は京阪大津線（手前が京津線、奥が石山坂本線）のもの。
1969.10.26　浜大津　P：高橋　弘

浜大津駅は旅客用のホームは１本のみであとは入換線と貨物留置線となっていた。また膳所と浜大津間の貨物列車の運転、浜大津駅の入換には1968（昭和43）年まで国鉄の梅小路機関区の8620形などが使われていた。国鉄の貨物運転は江若鉄道廃線の３日前まで国鉄直轄で行われていたのも特徴であった。

なお、浜大津付近の旧江若（国鉄）浜大津駅の線路跡は、滋賀県国体開催に伴い浜大津駅付近の再開発が行われる1980（昭和55）年頃まで残っていた。現在はすでに撤去されてしまったが、残っていた貨物線跡敷地は現在京阪石山坂本線のびわ湖浜大津駅の石山側の留置線として再利用されていた。

駅舎正面の反対側となる東側から見た浜大津駅。1線1ホームの駅であった。停車中の車両は総括制御車キハ5121。
1969.10.26　浜大津　P：高橋　弘

浜大津駅の東側になる国鉄線側から見た駅構内。ここで国鉄との貨車引き渡しが行われていた。左から京阪石山坂本線(標準軌)、江若鉄道浜大津駅、国鉄浜大津貨物駅の順に並ぶ。
1969.10.30　浜大津　P：高橋　弘

浜大津駅前の近江今津側の踏切を渡るC4形キニ４。この踏切にはワイヤー式の遮断機が設置されていた。背後のナショナル(松下電器)の広告塔が目を引く。
1969.10.30　浜大津　P：高橋　弘

浜大津駅構内に停車中の３両編成。キハ19とキハ12の間に鋼体化客車オハ1957を挟んだDTD編成。　1965.3.18　浜大津　P：藤本哲男

江若鉄道の営業終了3日前まで膳所～浜大津間の貨物輸送は国鉄が行っており、浜大津には貨物駅も設置されていた。
1969.10.30　浜大津　P：高橋　弘

カーブを描いて三井寺下駅に到着する、C111牽引の夏季旅客列車。後部のスハ32形２両は国鉄からの借入車両と思われる。三井寺下駅は江若鉄道の創業路線の始発駅であった。
1957.8.12　三井寺下　P：高橋　弘

■三井寺下(開業時・三井寺)　みいでらした

三井寺下駅は江若鉄道創業の地として、鉄道時代には本社もあった駅である。開業は鉄道開業と同じ1921(大正10)年３月15日で、開業時は三井寺と呼ばれていたが、1925(大正14)年に三井寺下に改称をしている。

この三井寺下には車庫も設置され、線路は湖岸側に対して扇形にカーブした駅であったが、車庫はその扇の外側に設置される形であった。車庫には工場も併設されていて、ここですべての車両の整備が行われていた。また昭和30年代半ばまで蒸気機関車の運転が行われていたため、廃線まで蒸気機関車運転時の施設(給水塔)なども残っていた。

また三井寺下に隣接した位置に戦後建設された、進駐軍キャンプ地に貨物を運ぶための専用線も設置され、こちらも昭和30年代前半(進駐軍キャンプ地の返還は昭和33年頃)近くまで線路が敷地内敷設されていたことが分かっている。しかし、実際にはどのような列車が入線していたかは不明である。ホームは１本であった。

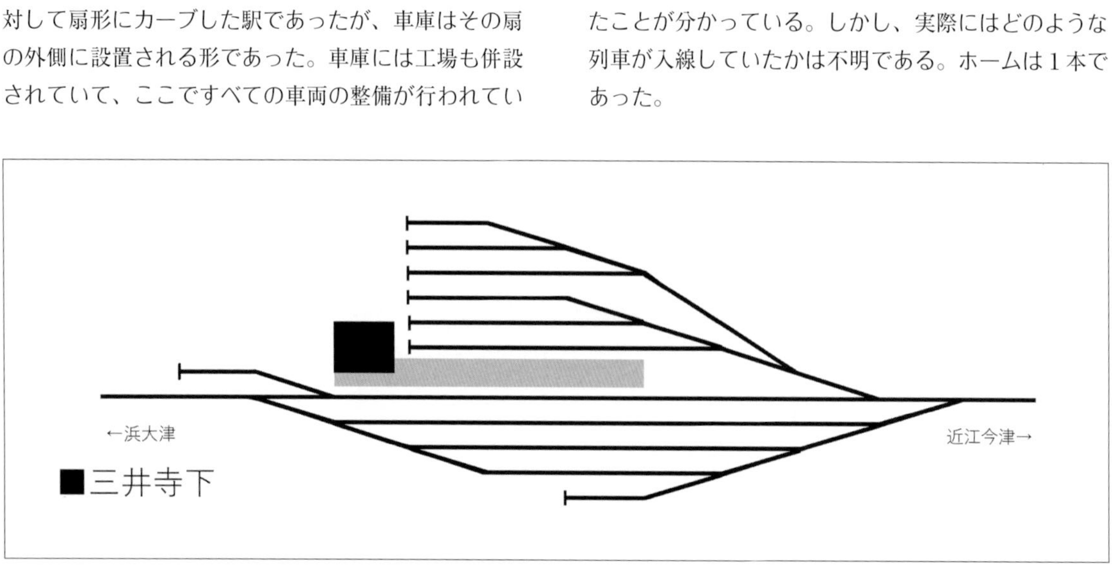

駅舎は、浜大津へ向かう線路と車庫に挟まれる形で設置されていた。
三井寺下　P：江若交通 所蔵

三井寺下駅の近江今津側。駅ホームとは反対側から見た情景で、駅の東側には留置線があった。最後尾に客車ハフ7号を連結したDDT編成の下り列車。
1961年頃　三井寺下　P：大西　卓

三井寺下に設置されていた木造二階建ての江若鉄道旧本社社屋。現在は堅田駅前に移転している。
1968.8.18　三井寺下
P：山内　祐

三井寺下駅には車庫・工場も隣接していた。蒸気機関車が配置されていた名残の給水塔が残る。　1966.7.20　三井寺下　P：高橋　弘

Column　三井寺下の車庫

江若鉄道の起点駅として開業した三井寺下駅には開通時から車庫が設置されていた。駅のホームは１線のみで、ホームの東側（湖岸側）には留置線がありホームの西側に工場・建屋があった。そのため乗降する旅客は留置線と車庫建屋の間にあるホームから乗り降りする不思議な造りとなっていた。

開業当初より浜大津までの延伸計画があったため中間駅的な構造となっており、普通の鉄道の始発駅とは雰囲気が異なる駅であった。当然浜大津までの区間が開通すると普通の中間駅となり、メインは江若鉄道の車庫として存在していた。

この車庫には昭和初期から投入されたガソリンカーなどの施設および戦時中に使われた天然ガスなどの施設も設置されていた。また戦後にも使われていた蒸気機関車運転のための施設も当然あり、廃線時までその名残として給水塔も存在していた。

留置線には多くの気動車が留置されていたが、これは夏場と冬場との輸送力の違いを吸収するためにやむを得ないことで、夏場に臨時列車などで活躍した客車などは冬場は堅田駅で保管されていたそうである。車庫建屋は２線のものが２ヶ所設置されており、この車両工場では昭和30年代に元関西鉄道の客車を更新工事した実績もあった。

三井寺下駅の近江今津側からホームを見る。一見島式ホームに見えるが、ホーム右側の線路は車庫に繋がっていた。　三井寺下　P：高橋　弘

三井寺下の車両工場にて、元関西鉄道の木造客車を鋼製車に更新改造中の姿。　1957.7.8　三井寺下　P：高橋　弘

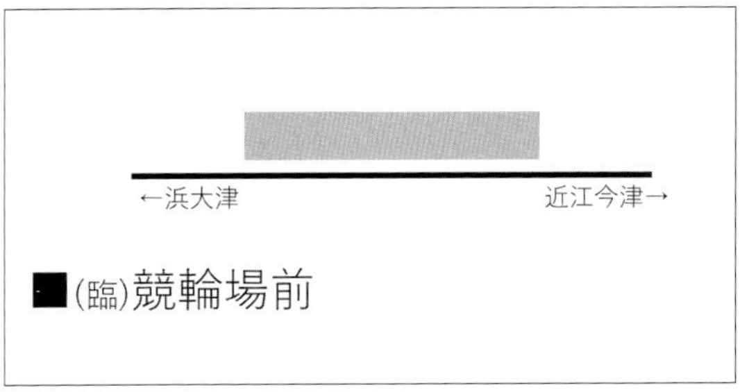

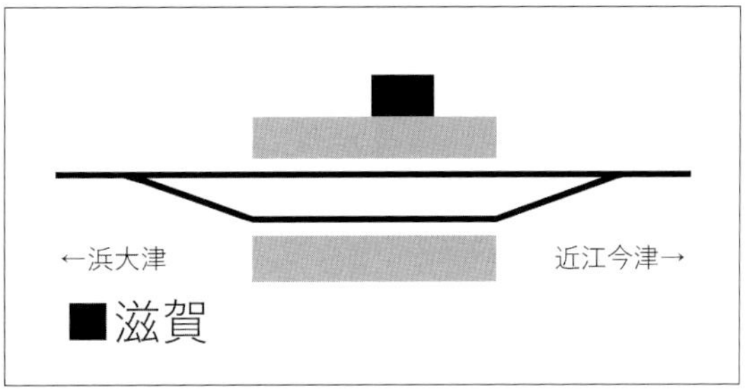

■競輪場前　けいりんじょうまえ

競輪場前駅は戦後に仮設された臨時駅であった。戦後復興の一環として各地方都市では公共ギャンブル施設が多く作られたが、その中でも特に建設ブームになったのが競輪施設で、1940(昭和15)年の近江神宮創建時に整備された神宮外苑運動場に、滋賀県と大津市の共同で1950(昭和25)年に建設されたのが大津びわこ競輪場であった。競輪場前駅はこの競輪開催日に合わせて営業された駅で、仮設ホームが１本のみの駅であった。

競輪ブームは続いていたが乗客は競輪場専用のバスを利用するようになり、1964(昭和39)年３月に営業を廃止している。なお大津びわこ競輪場は江若鉄道が廃止されたのちも存在していたが、2011(平成23) ３月を以て開催を廃止し、閉鎖されてしまった。

■滋賀　しが

滋賀駅は江若鉄道創業路線の駅で、開通時は唯一の中間駅であった。浜大津から出発した列車が初めて交換可能な駅として存在していた。また近くにあった滋賀海軍航空隊の基地への専用線もこの駅から分岐していた。海軍航空隊基地は戦後GHQの駐屯地となり、水耕農園となっていた。また、陸上自衛隊大津駐屯に向けての専用線もこの駅から分岐していた。

浜大津から滋賀までの区間は国鉄湖西線にはならず現在も線路跡が道となっているが、滋賀駅跡より今津側は現在湖西線となっており、江若鉄道の痕跡は残っていない。

1921(大正10)年の江若鉄道創業時の区間では唯一の中間駅であった滋賀駅。　1969.9.18　滋賀　P：高橋　弘

江若鉄道創業路線時の北側の終着駅であった叡山駅。比叡山延暦寺への参拝客輸送を見込んだため、広くゆったりした駅構内が特徴。
1959.8.9　叡山　P：高橋　弘

叡山駅に停車中のDD1352が牽引する貨物列車。　1969.10　叡山　P：高橋　弘

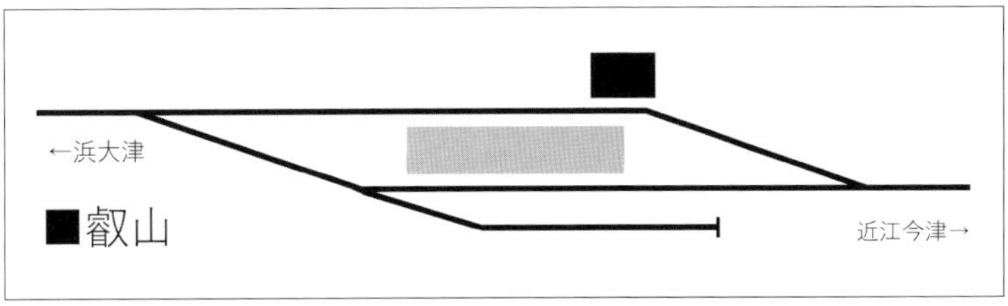

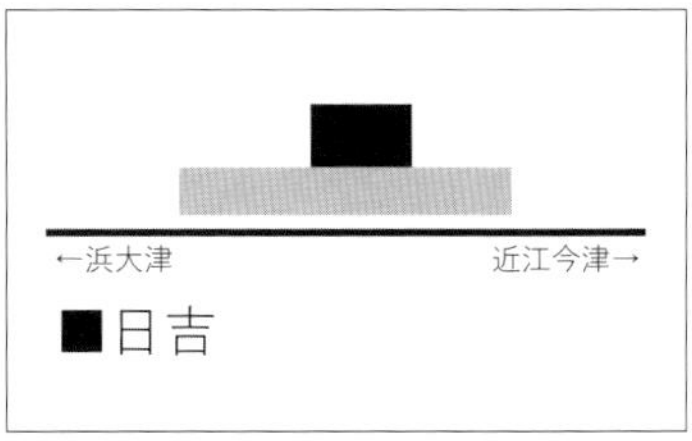

ホーム上に木が植えられていた叡山駅で交換する混合列車と気動車列車。客車列車はデッキも鈴なりで夏季らしい賑わいを見せている。
1958.8.10　叡山　P：高橋　弘

■叡山　えいざん

叡山駅は江若鉄道創業路線の北側の終着駅として開設されているが、当初から中間駅として設計されていた。駅は島式ホームで、交換可能な駅であった。また廃線まで貨物取扱があり専用の貨物ホームも設置されていた。

開業時より多数の乗客を見込んで建設されただけに駅構内は最後まで広々とした駅で、ホーム上に樹木が立っていたのが特徴であった。廃線後は湖西線の建設のために撤去されている。

■日吉　ひよし

創業路線から初めての延伸路線として今津側に伸びて行った区間として、叡山～雄琴温泉駅間が1923(大正12)年４月に開業している。日吉駅は延伸区間開業時にはまだ駅が完成しておらず仮駅で開業した。そのため正式な日吉駅の開業日は仮駅開業から４ヶ月後の８月となっている。単線のホーム１本の駅であった。

叡山駅と共に比叡山の登り口として使用され、1927(昭和２)年に開通した比叡山鉄道(ケーブルカー)の坂本駅の最寄り駅としての機能も有していた。また駅が完成する１年前には湖岸側に湖水浴場と新唐崎港が設置されている。

廃線後は湖西線の敷地となり、湖西線完成時には叡山駅(現在の比叡山坂本駅)が設置されている。

叡山駅舎は開通時に行われた法要の多客を捌くために大きな駅として建築されている。　叡山　P：江若交通 所蔵

日吉駅は延伸区間最初の駅で、1線1ホームの単式であった。
日吉　P：江若交通 所蔵

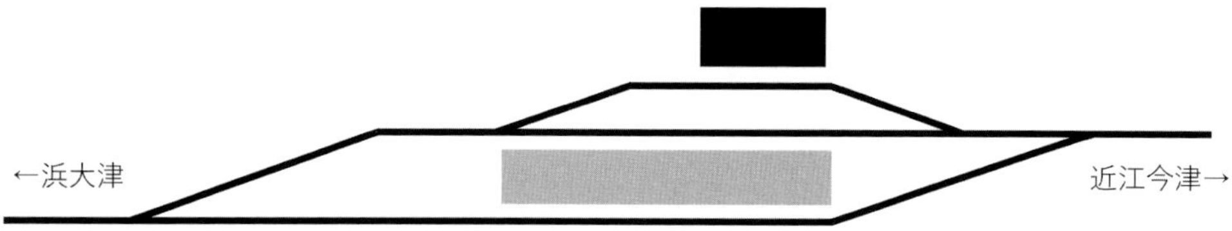

■雄琴温泉

■雄琴温泉（開業時・雄琴）　おごとおんせん

江若鉄道の第二期開通路線として1923（大正12）年４月に開業した雄琴温泉駅。開通当時の駅名は雄琴であったが、戦後に雄琴温泉に改称している。ちなみに江若鉄道時代の駅名看板には旧仮名遣いで「をごとおんせん」と表記されていたそうである。

雄琴温泉の歴史は1200年前までさかのぼることができるが、温泉地として観光地となったのは江若鉄道が開通して以降のことである。鉄道開通までは数軒の温泉旅館があった程度の温泉地であったが、鉄道開業後は一大温泉地として京都や大阪など、関西からの来客が増加していった。

また戦後は、雄琴村が大津市と合併したのを契機により一層の温泉開発が進み、新たな源泉が掘削されより大きくなった。また湖岸側には湖水浴場も設置され夏は水泳、冬は温泉と１年を通して遊べる観光地となっていった。江若鉄道廃線後も湖西線に雄琴駅が設置されたが、こちらも歴史を繰り返すように現在はおごと温泉駅と改称されている。

■堅田　かたた

雄琴駅までの開業の同年、1923（大正12）年12月に開業したのが堅田駅までの区間であった。堅田は琵琶湖のくびれに位置する街で、昔から栄えた街であった。

鉄道が開通する以前の滋賀県での交通手段としてよく利用されていたのは湖船事業であり、当然この一番

江若鉄道開通後にリゾート開発され、多くの観光客が立ち寄った雄琴温泉駅。島式ホーム１本であったが貨物側線が設置されていた。　雄琴温泉　P：江若交通 所蔵

歴史ある温泉郷の最寄り駅である雄琴温泉駅の木造駅舎。　雄琴温泉　P：江若交通 所蔵

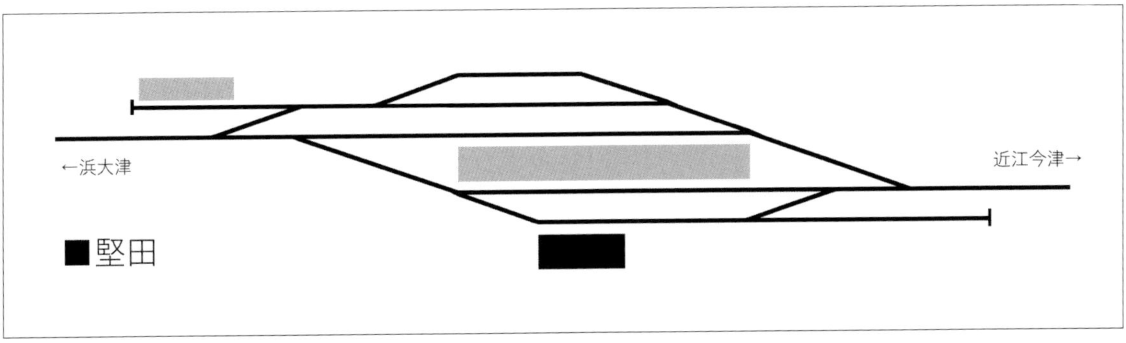

大津から数えて初めての大きな街となる堅田。現在はバス会社となった江若交通の本社がこの地にある。　　堅田　P：江若交通 所蔵

くびれたところにも港が設置され、大津と湖北の中継地点として機能していたが、鉄道開業後も同様に交通の拠点として変わらずに機能していた。

駅は江若鉄道の中間駅としては最大規模のもので、昭和30年頃には駅長ほか助役など常時５名以上の社員が常駐する駅であった。またバス事業が堅田地区で開始されると、バスの車庫も設置されていた。

また1927（昭和２）年には東洋紡（昭和レーヨン）が操業を開始し、専用の貨物線も開通している。また昭和時代に入ると、琵琶湖の東西で最も幅が狭くなっている地形を生かして湖西と湖東を結ぶ橋の計画が立てられ、1962（昭和37）年に建設を開始、２年後の1964（昭和39）年に開通している。橋の開通で一段と交通量が増加した堅田には、橋のたもとにレジャー施設などが建設され大いに賑わった。

なお現在の江若交通の本社はJR湖西線の堅田駅前にある。

■真野　まの

1924（大正13）年４月に開業した堅田～和邇間の中間駅として設置された真野駅。駅付近には1931（昭和６）年に太湖汽船（現在の琵琶湖汽船の前身会社）が真野浜水泳場を開設したこともあって夏場のレジャー客が多数訪れた駅であった。当時、この辺りまで来ると周囲に住居もなくまた沿線開発も進んでいなかったので、湖岸でのんびりと湖水浴が楽しめる場所だった。しかし、江若鉄道の廃止後に国鉄湖西線が開通すると、山側に住宅地“びわこローズタウン”が開発されたのを皮切りに京阪間のベットタウンとして多くの住宅が建設され、現在では江若鉄道が走っていた頃の面影はなくなっている。

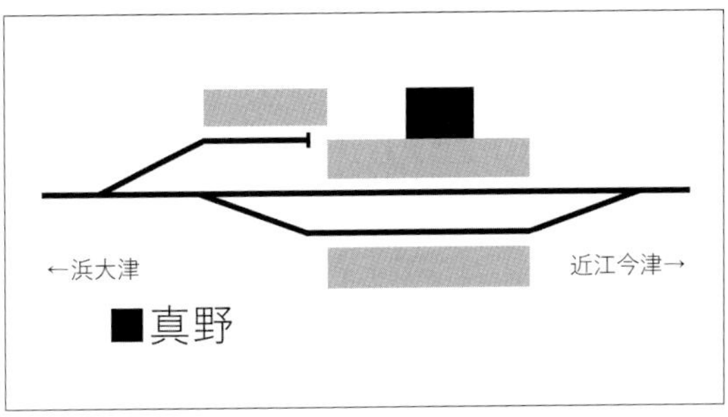

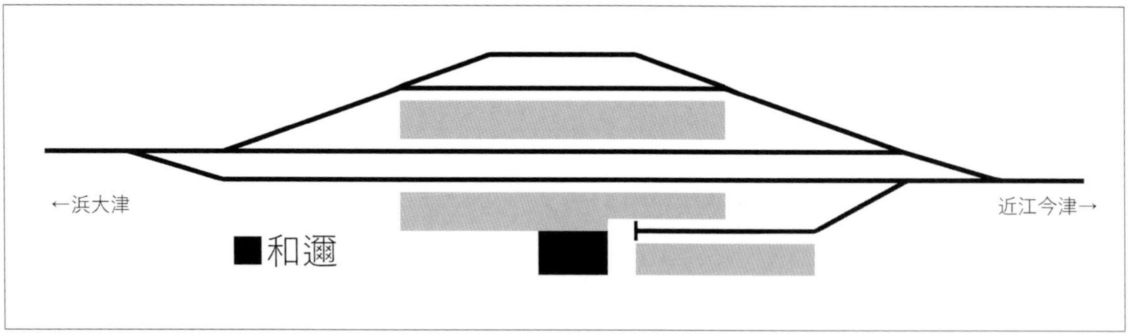

かつて京都大原方面への鉄道も計画されたことのある和邇には大きな木造駅舎が存在した。
和邇　P：江若交通 所蔵

■和邇　わに

昔より、京都大原から来た人々が最初に琵琶湖岸に到達するのが和邇であった。現在でもその道は途中峠として残っており、多くの自動車の往来がある。堅田から延伸してきた江若鉄道は和邇駅までの区間を1924(大正13)年に開通させ、それから約2年ほどは和邇が終着駅であった。延伸後も晩年近くまで和邇駅までの区間列車が設定されていた。

なお、和邇駅から途中峠を通って大原・京都に向かう鉄路も計画されたことがあったが、免許申請はしたものの、本線である江若線を開通させることを優先させるために計画は破棄され、未成線となった。

■蓬莱(開業時・比良口)　ほうらい

堅田～和邇間の開通から2年後の1926(大正15)年4月に開通した近江木戸までの区間に設置された中間駅が蓬莱駅である。蓬莱駅付近は浜大津ほどではないものの琵琶湖湖岸から近いところを走っており、現在の湖西線でも車窓から琵琶湖を間近に見られる駅である。開通当初は「比良口」と呼ばれていたが、1941(昭和16)年に「蓬莱」と改称されている。

また1965(昭和40)年に産経新聞社が蓬莱山と打見山付近をレジャー開発し、スキー場「サンケイバレイ」が開業すると多数の乗客が訪れた。山に登るために設置された「カーレーター」という乗りものが名物とさ

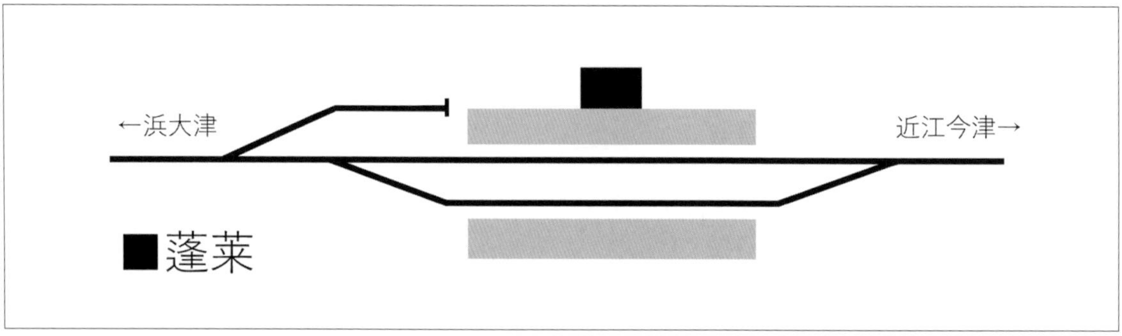

比良山系レジャーの最寄り駅であった蓬莱駅。
蓬莱　P：江若交通 所蔵

れ、これは2人乗りのベルトコンベア駆動の昇降機だった。標高1,200mの山頂までを約20分で結んでいたが、乗り心地は良くはなかったそうである。

ちなみに「サンケイバレイ」は開業3年後に経営者が交代し、「びわ湖バレイ」に変更されている。現在ではカーレーターは撤去されているが、カーレーター自体の乗り心地は現在も兵庫県の須磨浦山上遊園の交通手段として運行されているので、体験は可能だ。

■近江木戸　おうみきど

叡山以北は段階的に開通していた江若鉄道であったが、1926(大正15)年4月に開業したのが近江木戸駅であった。この駅には蒸気機関車の運転に必要な給水

交換設備のある近江木戸駅に入線するキハ51号。同車は1964年に九州の熊延鉄道から譲渡された。
1966.7.20　近江木戸　P：高橋　弘

国鉄湖西線開通時は町村名称変更後のために志賀駅と呼ばれているが、江若鉄道時代は近江木戸と呼ばれていた。
近江木戸　P：江若交通 所蔵

塔が設置されたが、この駅が誕生するまでは給水塔は三井寺下にしか設置されていなかった。現在はJR湖西線の志賀駅付近が近江木戸駅跡となっている。

なお、江若鉄道の近江木戸駅と湖西線の志賀駅とで同じ場所に存在していたのに駅名が異なるのは、街の歴史によるものだ。江若鉄道が開通した頃はこの地は滋賀県滋賀郡木戸村と呼ばれていたが、1955(昭和30)年の市町村合併により志賀町が誕生、その時代に湖西線が誕生したため駅名も志賀となった。しかし志賀町が大津市に合併するとこの地域は大津市木戸になり、地域名としては「志賀」の名前が消えてしまっている。

■青柳ケ浜　あおやぎがはま

青柳ケ浜駅は1949(昭和24)年7月に造られた臨時駅であった。湖岸には青柳水泳場が開設されており、この駅の開設まではお隣の近江木戸駅が最寄りとされていた。しかし、戦後の混乱期を過ぎ世の中がレジャーを楽しむようになってきた頃には、湖水浴場付近に駅があった方が便利となり、夏場だけ営業される青柳ケ浜駅が建設された。

駅と言っても夏場に2ヶ月ほど営業するだけで、駅舎も小さくホームは1本のみの臨時駅であった。駅は大谷川の今津側に設置されていたが、この大谷川は天井川で、江若鉄道はトンネルで川を越していた。

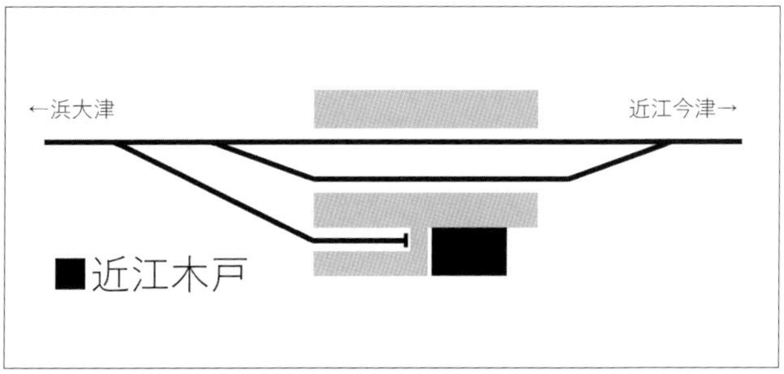

比良駅も比良山系のレジャーに使われた駅で、駅付近から乗車できたロープウェイで山頂に登りスキーを楽しむことができた。
比良　P：江若交通 所蔵

■比良　ひら

比良駅は大正時代に江若鉄道が開通させた最後の区間にあった中間駅で、近江木戸駅から雄松（のちの近江舞子）駅までの区間を1926（大正15）年８月に開業させている。

比良駅付近は別段工場や住宅が多い土地ではなかったが、昭和20年代に入ると比良山系の観光リゾート開発が進み、江若鉄道も京阪電鉄と共に観光開発を進め、比良駅から近いところに比良鋼索鉄道を建設して登山用リフトを設置した。また後にロープウェイも建設され、山上には比良スキー場が開設された。

■近江舞子南口　おうみまいこみなみぐち

1953（昭和28）年７月に建設された駅で、もともとは青柳ケ浜駅と同じく夏場の湖水浴客を目的に造られた臨時駅であった。駅は近江舞子水泳場の南に位置する南浜に近いところに設置された。また1962（昭和37）年に滋賀県と厚生年金保険の還元融資で作られた国民宿舎「近江舞子ロッジ」が開業すると、夏場だけの臨時駅から常設駅に昇格し、廃線まで使用された。しかし常設化はされたものの形態は臨時駅のままで、駅員無配置でホーム１本の簡素な駅であった。

■近江舞子（開業時・雄松）　おうみまいこ

1926（大正15）年８月に開通した区間で、江若鉄道が大正時代に開通させた最後の区間であった。開通当時は雄松駅と名付けられていたが、「雄松」とは琵琶湖岸にある雄松埼からその名前が取られていた。

湖岸に水泳場が設置され、その光景が兵庫県の瀬戸内にある「舞子」の光景を彷彿させることから「近江舞子」と呼ばれるようになり、駅名も1929（昭和４）年に「雄松」から「近江舞子」と改称されている。近くには竹生島付近を遊覧する湖船の船着き場も設置され、一大観光地として近江舞子はその名前を関西一円に知らし

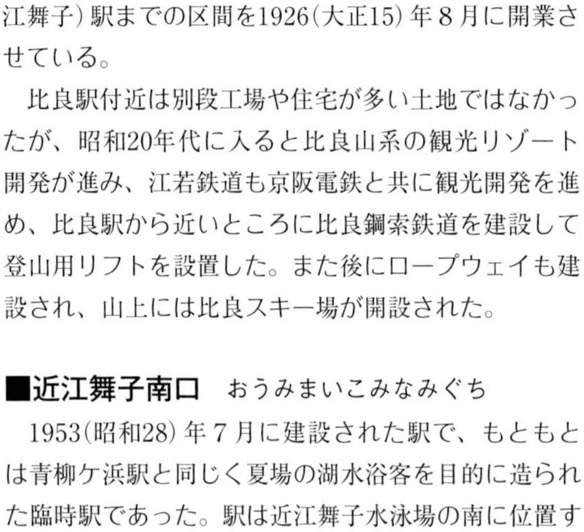

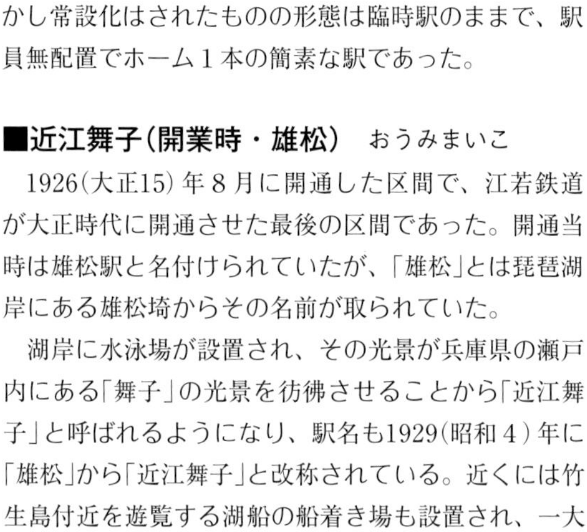

近江舞子は現在の湖西線でも折り返し運転が行われる駅として使われているが、その運用は江若鉄道時代から同様であった。
近江舞子　P：江若交通 所蔵

めた。

戦後もその観光事業は衰えずに夏場には多くの湖水浴客を運んだ。1961(昭和36)年に実績で年間100万人の近江舞子水泳場利用者があった資料が残っており、すでにモータリゼーションが巻き起こっていた昭和30年代半ばであってもその半数以上が江若鉄道で湖水浴を楽しんだことは想像できる。

■北小松　きたこまつ

時代が昭和に入った1927(昭和２)年４月に開通したのが北小松駅までの区間であった。昭和２年と言っても雄松駅までの開通から約８ヶ月後のことであった。この辺りは比良山系が琵琶湖岸まで迫った地域として湖岸と山岳が同時に楽しめるところで、昭和時代に入ると湖水浴を楽しむ利用客のために1962(昭和

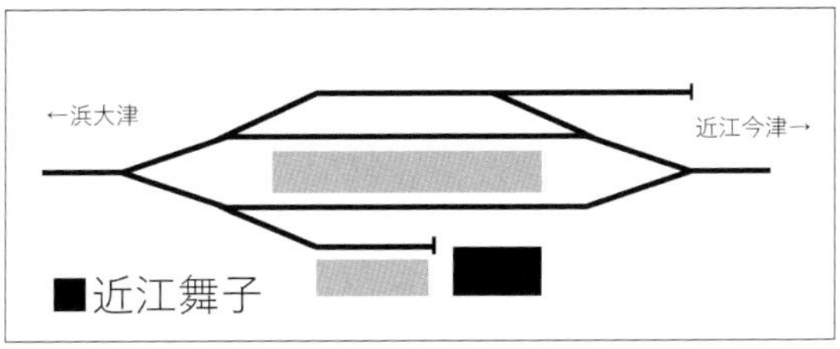

北小松駅付近は、江若鉄道で運行されていた頃は桜の名所として有名であった。　北小松　P：江若交通 所蔵

37)年に湖水浴場も設置された。

駅は島式ホームで交換設備があり、北小松駅までの区間列車の設定もあった。江若鉄道の開業に合わせて近辺の整備も行われ、千本桜も植樹された。駅から約１kmに及ぶ桜並木は近江舞子駅の千本桜とともに戦前の江若鉄道有数の花見名所となったが、どちらの桜並木も現在は存在していない。近年まで旧北小松駅の今津側に廃線跡が残っていたが、バイパス工事のためにその姿を消してしまった。

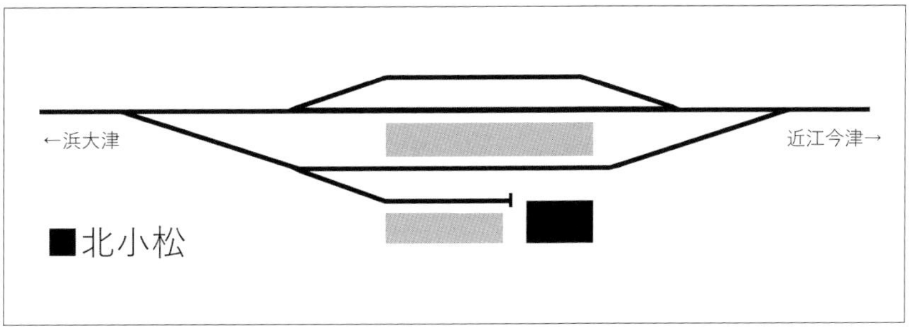

浜大津駅とともに、最も琵琶湖湖岸に近い駅であった白髭駅。 白髭　P：江若交通 所蔵

■白髭　しらひげ

白髭駅は1927（昭和２）年12月、北小松〜大溝間に設置された。白髭とは駅の近くにある白髭神社から名付けられた名称で、全国の白髭社の総本山である。

延命長寿の神様と知られる滋賀県最古の白髭神社の創設は、垂仁天皇の時代（25年、今から2000年ほど前）にまで遡れる。またその後「皇女倭姫命(やまとひめのみこと)が社殿を御創建（御再建とも）、天武(てんむ)天皇（第40代）の675（白鳳・はくほう３)年勅旨(ちょくし)を以て「比良明神(ひらみょうじん)」の号を賜るとある」と白髭神社の仏閣紹介に記されている。

江若鉄道が開通するまでは、1913（大正２）年に完成した船着き場まで運航された船が多くの参拝客を運んだが、江若鉄道が開通すると参拝客の輸送を一手に引き受けるようになった。

また、湖面に設置された鳥居は1937（昭和12）年に創建されたもので、線路と湖面鳥居の組み合わせは江若鉄道を代表する光景であった。現在の鳥居は1981（昭和56）年に造り替えられたもので、江若鉄道が走っていた当時のものとは異なっている。

■白髭浜　しらひげはま

白髭浜駅は1951（昭和26）年に開設された夏季臨時駅であった。白髭浜水泳場が開設されたのに伴い設置された駅で、７・８月の期間限定の駅として廃線時まで使われた。青柳ヶ浜駅や近江舞子南口駅と同様に単線でホーム１本だけの簡易的な駅であった。

この夏場の水泳客が乗降する臨時駅の特徴として、３駅共に湖岸側にホームが設置されていた。

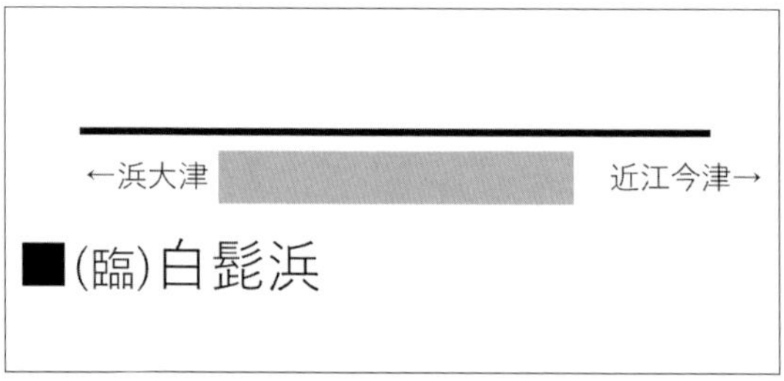

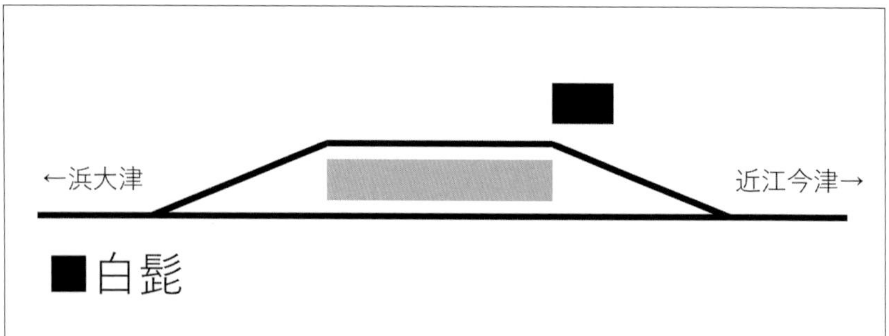

開通当初は当時の地域名を採って「大溝」の名で開設したが、市町村合併で「高島町」に変更されている。　高島町　P：江若交通 所蔵

■高島町(開業時・大溝)　たかしまちょう

北小松～大溝間は1927(昭和２)年12月に開通している。大溝とは明治時代に名付けられた町名で、1943(昭和18)年に市町村合併で高島町になるまで使われていた。合併で高島町になった1943年より駅名も「高島町」に改称している。

開業当初の高島町駅舎は洋風の造りで、江若鉄道では他に見ることができないハイカラな駅舎であった。後に駅舎の基本部分はそのままで屋根が瓦葺きになったことで洋風感は減ってしまったが、最後まで外壁・窓枠などに開業時の雰囲気を残していた。

なお高島町は、1831年に京都にて開業した後の百貨店「高島屋」を創業した飯田新七の出身地で、高島屋の名称は出身地から名付けられている。湖岸には萩の浜という水泳場が大正時代に開設されており、江若鉄道が開通すると夏場は賑わう駅であった。

しかし、廃線直前の昭和40年代に入ると水泳場付近に大きな駐車場が整備され始めたため、乗客が昭和30年代より減少しつつあった。

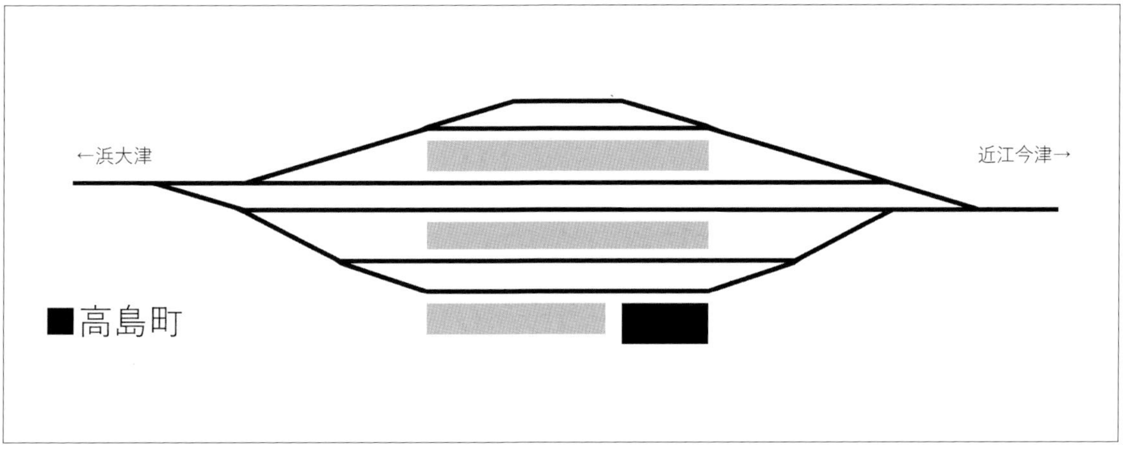

水尾駅は開通時は交換駅であったが、末期には離合施設が撤去されていた。　水尾　P：江若交通 所蔵

■水尾　みずお

高島町延伸の次に開業したのは安曇までの区間で、1929(昭和４)年のことであった。開通当時は島式ホームの交換可能な駅であったが、廃線末期頃に交換施設が撤去され、単線ホームになっていた。開通時は駅の周辺に住居が数軒ほどあるだけの駅であったが、宅地化が進んだ現在は工場も建つ街となっている。

駅の北側には鴨川を越えるための鉄橋が設けられ、前後に高架橋が設置された。この高架橋が当時としては最新工法として多用され始めたコンクリートの高架橋で、昭和初期では珍しい光景であった。現在この辺りは湖西線に路盤が引き継がれたため、昭和初期に建造されたコンクリートの高架橋を見ることはできなくなっている。

水尾～安曇川間で鴨川を越えるために設けられた高架橋。昭和初期の開通でコンクリート製構造物が使われた。
1969.10.5　水尾—安曇川　P：福田静二

貨物駅の集積地として機能していた安曇川駅。比良山系から運ばれてきた木材なども取り扱っていた。　安曇川　P：江若交通 所蔵

■安曇川(開業時・安曇)　あどがわ

安曇川駅までの区間は1929(昭和４)年６月に開業している。開業当時は「安曇」と呼ばれていたが、後に「安曇川」と改称されている。

安曇川駅は文字通り安曇川近くに設置された駅で、福井と京都を結んでいた鯖街道(現在の国道367号線)から琵琶湖岸に到達できるのが、途中峠から和邇に向かう道路とこの安曇川沿いの道までの間、比良山系に阻まれ道がなかった。そのため比良山系の西側に位置する朽木村などからの搬出された木材などは安曇川駅に集積されて貨車に積み込まれ、関西方面に出荷されていった。そのためこの安曇川駅には広大な木材集積所が設置されていた。

なおこの辺りは琵琶湖岸より離れており、夏場の繁忙期でも湖水浴客が訪れることはなかった。

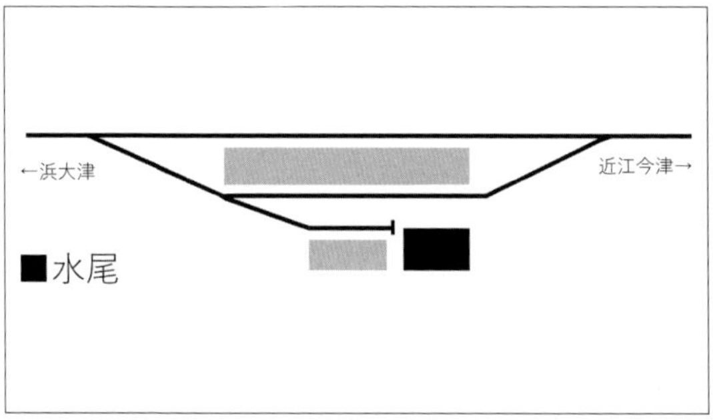

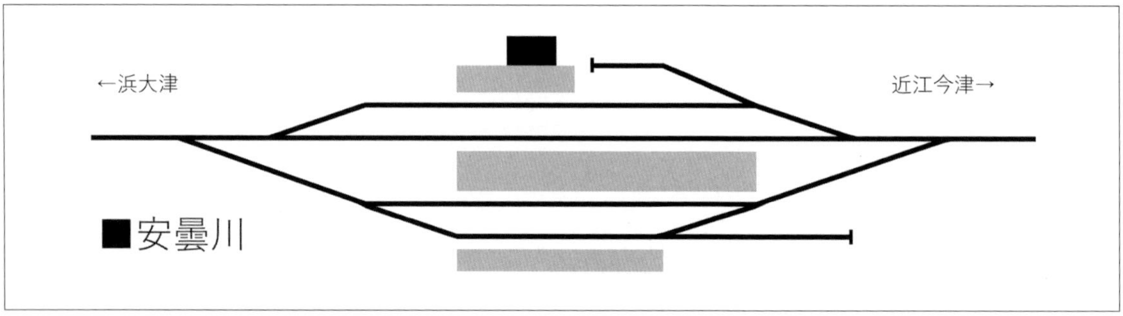

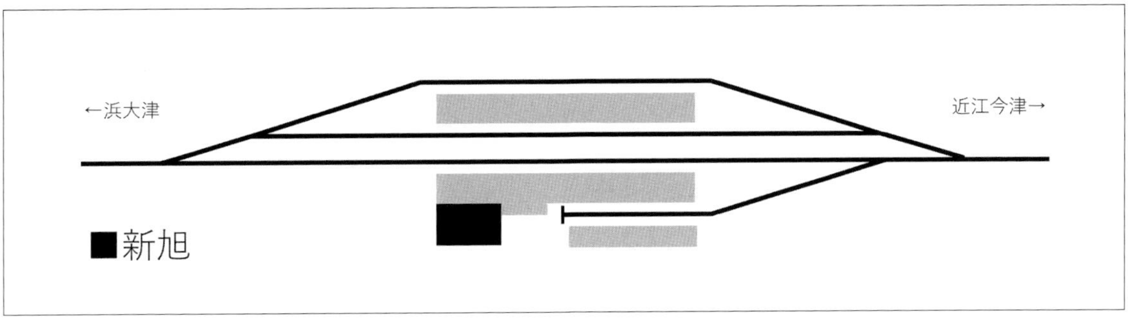

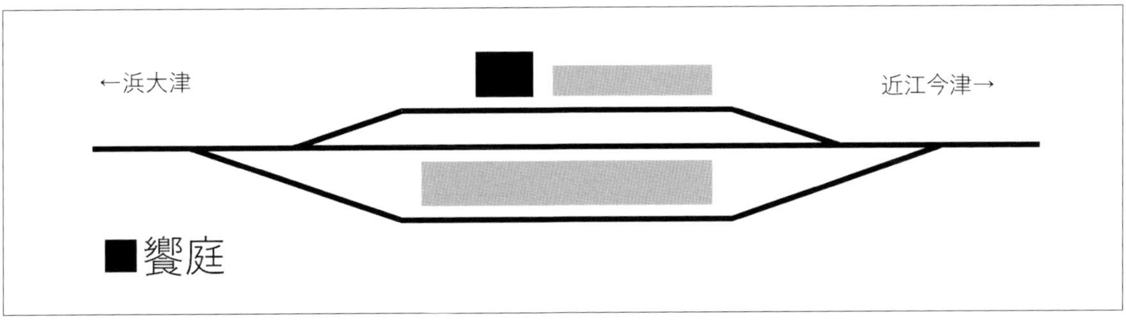

■新旭（開業時・新儀） しんあさひ

江若鉄道の最後の開通区間となった安曇川～近江今津間に設置された新旭駅。開業は1931（昭和６）年１月で、開業当初は新儀（しんぎ）駅と呼ばれていた。これは1989（明治22）年の町村制施行に伴い現在の新旭町の南側が新儀村という名称になった事が由縁となっている。

その後昭和30年頃に行われた町村合併で新儀村が新旭町となり、同時に駅名も「新旭」に改称されている。開通時から廃線時までこの辺りは広大な農地が広がる場所で駅近くには住宅はあまりなかった。現在は京阪間のベッドタウンとして、多くの住宅が建ち並んでいる。

■饗庭 あいば

JR湖西線では新旭駅の次は近江今津駅となり、江若鉄道時代であれば終点となる。しかし江若鉄道時代には途中駅が２つ存在していた。饗庭の駅名は江若鉄道の西側に位置する饗庭野丘陵がその由来である。

饗庭野は現在陸上自衛隊の基地が設置されているところで、その基地（演習地）としての歴史は長い。明治時代に設置された饗庭野演習地は昭和時代には一部が開放されスキー場が設置されている。これは当時としても特例処置のようで、饗庭野を管理していた第16師団がスキー場の使用に対して利用客に料金を徴収しないということを条件に許可が下りたそうである。饗庭野スキー場の最寄り駅は近江今津で、駅からも歩いて行ける手頃なレジャーとして戦前は楽しめたそうである。

新旭駅は昭和30年頃までは「新儀」と呼ばれていた。
新旭　P：江若交通 所蔵

その昔はスキーレジャーが楽しめた饗庭。
饗庭　P：江若交通 所蔵

北饗庭駅は1線1ホームの駅舎のない駅であった。
北饗庭　P：江若交通 所蔵

江若交通の北側の終点になる近江今津駅の駅名標。
近江今津　P：福田静二

■北饗庭　きたあいば

近江今津駅までの区間が開業した翌年の1932（昭和7）年1月に、饗庭駅と近江今津駅との間に設置された駅であった。開通当初、近江今津～饗庭間は3.4kmの駅間距離があり、岡・木津集落の人にとっては不便であったため、近隣の集落からの嘆願があり饗庭駅から1.8kmの位置に北饗庭駅が設置された。

開通当初からの駅ではなかったため、湖水浴客のための臨時駅と同等ぐらいの施設で建設され、駅舎はなく駅員も無配置であった。

■近江今津　おうみいまづ

江若鉄道が鉄路として開業できた最北端の地、近江今津駅の開設までには、最初の区間の開業から10年が経過していた。当初は中間駅としての計画で建設され、当時から大きな三角屋根の駅舎であった。これより先の計画線で終わった福井県までの区間は1937（昭和12）年に省営バスが受け継ぐ形で、「若江線（じゃっこうせん）」の名称で近江今津と小浜を結ぶバスを運行開始した。ちなみにこの路線は江若鉄道の忘れ形見として国鉄からJRに引き継がれ、2020（令和2）年現在でも運行されている。

駅構内には三井寺下以外では珍しく車庫の建屋が建設され終点らしい雰囲気があった。2020年現在も旧江若鉄道の近江今津駅舎が残っており、廃線から50年以上経過した現在にまで残る、江若鉄道最大の遺構となっている（47頁参照）。

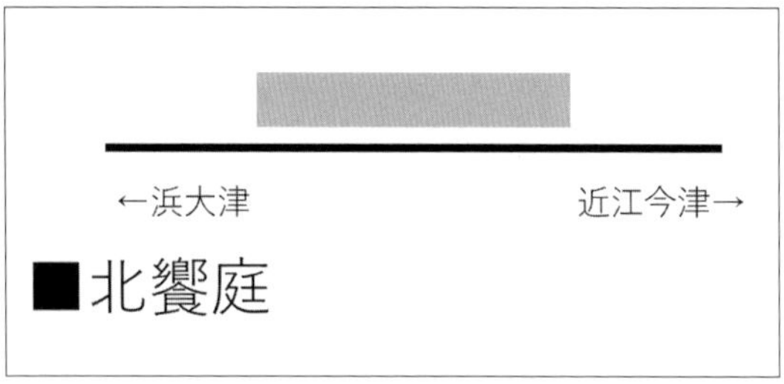

近江今津駅の名所案内。　近江今津　P：福田静二

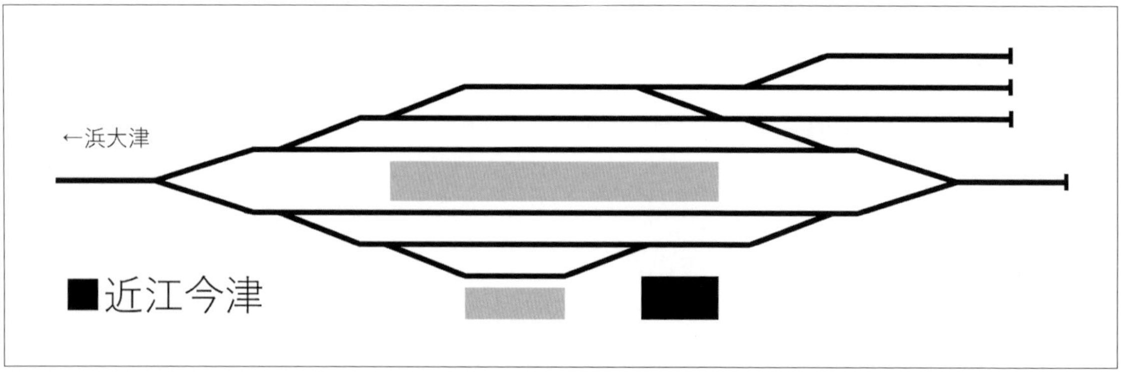

廃線に至るまで江若交通の終点の地であった近江今津駅。広大な駅施設にとんがり屋根の駅舎が特徴であった。　近江今津　P：福田静二

駅終端側を見る。近江今津駅には車庫も設置され建屋もあった。　近江今津　P：福田静二

江若鉄道の沿線には山岳トンネルはなかったが、２ヶ所の天井川トンネルが存在した。木戸川の下を通過するキハ21号。
1969.10.2　近江木戸—蓬莱　P：高橋　弘

(2) トンネル

江若鉄道の線路は基本的に琵琶湖岸を走っていたので、山岳トンネルは存在しなかった。しかし、トンネル自体は天井川を越すために２つ存在していた。ひとつは蓬莱～近江木戸間にあった木戸川のトンネルで、延長21mほど、もうひとつは近江木戸～青柳ケ浜間にあった大谷川のトンネルで、延長48mほどであった。

現在の湖西線は、江若鉄道の線路跡地を再使用した以外の区間は湖岸から少し山側の位置に建設されたため、蓬莱～高島間はトンネルが多く存在している。

(3) 橋梁

路線延長51kmともなるとそれなりに大きな川を横断する。明治頃から大正期の鉄道建設で大きな障害となったのが橋梁の建設で、川のおかげで未成線になってしまったところも多数存在する。

江若鉄道沿線では全長４ｍ以上の橋梁が47も存在したが、最大の長さを誇ったのは安曇川橋梁で460mであった。この橋梁は昭和時代に入ってからの建設で、橋台はコンクリート製となっているのが特徴であった。

こちらは大谷川の下を通過するキハ5120号。これより北側の湖西線は江若鉄道の路線より西側に建設されたため、江若鉄道とは対照的に多数のトンネルが存在する。　1969.10.2
近江木戸—青柳ケ浜
P：高橋　弘

全長460mの安曇川橋梁を渡るDC251牽引の貨物列車。江若沿線では最大級の鉄橋であった。　1969.10.2　安曇川—新旭　P：高橋　弘

(4) 線路施設

駅は廃線時には25駅で、そのうち交換可能な駅は15存在した。信号は全線タブレット閉塞で、閉塞区間は12存在した。

勾配は琵琶湖岸の平坦な所を走っていただけに最急でも10‰ほどであった。平坦なだけに運転条件はそれほど厳しくなく、晩年まで付随車を連結しての気動車運転が行われていた。

カーブは三井寺下駅と浜大津駅間にあった半径200mが最急であった。

三井寺下～浜大津間の琵琶湖疎水を渡る鉄橋。現在道路橋になっているが橋台はそのまま残っている。
1969.10.2　三井寺下—浜大津　P：高橋　弘

京阪石山坂本線との三線軌条区間を走る、江若車両による国鉄線乗り入れ列車。戦後1947〜1965年までの間は旅客輸送も行っていた。
1965.7.7　石場付近　P：高橋　弘

3. 特徴ある運行

(1) 膳所までの国鉄線への乗り入れ運転

江若鉄道の浜大津駅と東海道本線の現在の膳所駅(江若が接続した当初は「馬場」で1934年に「膳所」に改称)間は、元々は国有鉄道での建設区間で開通は1880(明治13)年のことであった。京都から延伸してきた東海道本線はそのまま現在のJR琵琶湖線(東海道本線)ではなく、膳所でスイッチバックして現在の京阪びわ湖浜大津駅付近に大津駅を設置して、そこから東京側には湖船で鉄道連絡していた。

湖東線(現在の東海道本線・JR琵琶湖線)が開通した際に一旦貨物線になったが、一時期旅客輸送が復活していた。しかし、大津電車軌道が1921(大正10)年に浜大津〜膳所間の国有線の軌道敷を使って電車運転を始めると、再び貨物輸送だけの路線となっていた。

江若鉄道では当初より浜大津で国有線と接続して貨物輸送等を行う計画を立てていたが、三井寺〜浜大津間の建設は地元の許可がなかなか下りず難航した。先に三井寺〜新浜大津間が1925(大正14)年に開通した

上写真と同一区間を行く京阪線石山寺方面行列車。三線軌条は複線中片側のみであったため、国鉄貨物・江若旅客が運転されるときは閉塞となっていた。
1965.7.7　石場
P：高橋　弘

浜大津から膳所方面に出発するために信号で停車中の国鉄貨物列車(8620形蒸気機関車)。国鉄線の貨物輸送には梅小路の機関車が使われていた。夜間に駐機はなく、朝夕に梅小路から回送されてきていた。
1954.7.25　浜大津付近
P：高橋　弘

が、新浜大津駅は末期に存在した浜大津駅ではなくその手前に設置され、開通当初は鉄道連絡をしていなかった。国有線との連絡が可能になったのが1928(昭和3)年で、晴れて国有線と接続して浜大津駅が開業している。なお、「浜大津駅駅連絡施設今竣工功」の届けはその後1930(昭和5)年に提出されている。

申請当時の記述には、江若の列車も浜大津から膳所駅を経由して現在のJR大津駅まで乗り入れる計画と、三線軌条ではなく国有線を1線琵琶湖側に新設して、この区間は大津電車軌道と別線路にする計画であったが計画倒れとなり、国有線は大津電車軌道の琵琶湖側を単線三線軌条で運転されていた。そのためこの区間に国鉄(省線)並びに江若の車両を運転する時には閉塞運転となっていた。

江若による旅客輸送が開始されたのは1947(昭和22)年のことで、1日2往復での運行ということもあり乗客もそれほど多くなく、廃線より前の1965(昭和40)年7月に旅客輸送は廃止している。その後も国鉄による貨物輸送は続き、運転は梅小路区の8620が使用されていたが、廃止直前にディーゼル化されていた。この区間の貨物輸送は本来なら江若鉄道が担ってもおかしくないと思われたが、国鉄の直轄運転は江若鉄道の廃線3日前まで続いた。

江若鉄道廃線後は国鉄貨物輸送も廃止となり、三線軌条区間の施設は撤去されたが、浜大津駅構内となっていた部分の線路は一部であったが1980～81(昭和55～56)年頃に行われた京阪浜大津駅の改良工事頃まで1,067mmの線路が残っていた。現在この場所は京阪石山坂本線の留置線として使われている。膳所～浜大津間は鉄道運行廃止後も国鉄→国鉄清算事業団が所有し、京阪に払い下げられたのは平成に入ってからのことであった。

京阪石山坂本線と国鉄貨物線が合流する地点に設けられた脱線ポイント。浜大津～膳所の区間は国鉄所有であったために、もう1線追加で敷設して三線軌条を解消する計画もあった。
1965.7.7　浜大津
P：高橋　弘

夏季の多客輸送に従事している江若鉄道版のC11形。木造客車とC11の運転は昭和20年代末期の江若鉄道の夏の風物詩であった。
1953.8.9　近江木戸付近　P：高橋　弘

(2) 夏の臨時列車

江若鉄道が近江今津まで開通して一気に沿線の観光開発も進んだ。比良山系の山登りも人気であったが、琵琶湖の湖水浴は夏の一大イベントであった。昭和30年代から関西圏の避暑地として多くの旅客を輸送したのが江若鉄道であった。

沿線には堅田以北に多くの湖水浴場が設置され、真野、和邇、木戸、青柳、舞子、北小松、白髭など列車を降りたら目の前が湖水浴場という駅も多かった。夏場に活躍したのが客車列車で、江若では２編成の客車列車が編成できるようになっていたほか、国鉄から客車を借り入れての運行もされていた。湖水浴の輸送ピークは昭和40年頃だったそうで、それ以降一般家庭に自動車が普及し始めると一気に日本海側まで海水浴に行く人が増えて、末期には若干乗降客も減ってしまったそうだ。しかし、減ったと言っても単線の路線なのでそれほど運輸力もあるはずもなく、客車列車以外でも、気動車にも付随車を連結して多客をさばいていた。

末期の頃は通常列車が1日32往復(折返し運転を含む)設定されていた以外に、湖水浴臨時列車が設定さ

多客時には国鉄より客車を借り入れて運行されていた。写真は国鉄から借り受けたスハ32形客車。
1957.8.12　真野
P：高橋　弘

ディーゼル機関車牽引で気動車に木造客車・鋼体化客車と、色とりどりの編成で運行された夏季臨時列車。
1959.8.2　三井寺下—滋賀　P：高橋　弘

れていた。そのために行き違い施設がある駅ではほぼすべての列車が行違う設定となっていた。また、運転される区間の終点で帰り客輸送のために留め置きが出来ないところでは一旦三井寺下まで返却されていたそうである。江若鉄道最後の夏となった1969(昭和44)年では、すでに11月からの鉄道廃線後に転換されるバスでの代替輸送で一部の夏の臨時列車が置き換えられていたが、それまでは国鉄より客車を借り入れて運転されていた。

(3) お別れ列車

江若鉄道の廃止は1969年11月１日付けとなっており、一般営業運転の最終日はその前日の10月31日であった。11月１日には事前に配られた整理券で乗車できる「お別れ列車」が運転され、浜大津側からは近江今津・高島町・堅田行きが各１列車ずつ、逆方向の浜大津行きは近江今津発が３列車、高島町・堅田発が各１列車ずつ運転されている。なお、近江今津発が３列車になっているのは、前日に運転された近江今津行の列車を三井寺下に返すために運転されたものであった。

列車編成は既に譲渡先が決まっていた車両は使われず、転属先がない車両に装飾を施して運転されている。なお、廃止直前の10月27日からは昼間時間帯の８列車がバス転換され、鉄道の運転は朝夕時間帯のみとなっていた。

「お別れ列車」に乗車する人々が集まった近江今津駅改札口。　1969.11.1　近江今津
P：福田静二

装飾を施された４両編成の「お別れ列車」が浜大津に到着。　1969.11.1　浜大津　P：高橋　弘

「お別れ列車」が大勢の地元の人に見送られ堅田駅を後にする。車両には盛大に装飾が施されていた。　1969.11.1　堅田　P：高橋　弘

4. 廃線跡など

令和の時代に入り廃線から52年が経過したなか、江若鉄道の遺構も減ってきている。64%の線路跡が国鉄湖西線建設のための買収により廃線後に姿を消していたものの、10年ほど前までなら北小松付近などに線路跡が残っていた。ただそれも国道の改良工事で姿を消している。

現在時点で江若鉄道の遺構として普通に見られるのは琵琶湖疏水の鉄橋橋台跡、近江今津に残る近江今津駅舎である。琵琶湖疏水の煉瓦積の橋台跡は現在道路橋の橋台となっていて、浜大津から歩いても10分ほどで見ることができる。旧近江今津駅舎は現在のJR湖西線近江今津駅の北側に位置するところに残っている。現在は使用されず空き家状態となっており、数年前から解体の話も出てきているので先行き不透明である。

現在残っている江若鉄道の最大の遺構が近江今津の駅舎である。
2021.1.31　近江今津　P：高橋　修

Column　米軍キャンプ

1945(昭和20)年８月15日のポツダム宣言受諾および降伏決定、並びに９月２日の無条件降伏調印で終戦を迎えた日本であった。無条件降伏で日本はアメリカ軍の占領下となり、多くの米軍キャンプと呼ばれる米軍基地が作られた。江若鉄道沿線も元々あった日本軍陸海軍基地跡に米軍キャンプ地が設置されている。設置場所は江若鉄道創業路線となる三井寺下〜叡山駅間の琵琶湖側で、総敷地116haであった(設置1945年10月・第６軍136連隊約1,000名)。司令部はその当時の琵琶湖ホテルに設置され、敷地内にはかまぼこ型兵舎、射撃場ならびにスポーツ施設、放送局まで建設された。また元々あった滑走路もそのまま使われ、水耕農場も設置されて約500名もの日本人も仕事に従事していた。

三井寺下の西側に位置する皇子山付近には米軍将校家族が住む家屋「皇子山ハイツ」が建設されていた。関西では神戸の「六甲ハイツ」も有名であった。なお、後に丘陵地に建設された団地を「ハイツ」と呼ぶようになったのはこの米軍ハイツの名残だと言われている。

このようなことから米軍キャンプ地に物資を運ぶ輸送力確保のために国鉄よりC12形蒸気機関車を借入、また自前でもC11形蒸気機関車を２両導入している。

なお、米軍(進駐軍)からキャンプ地の返還は戦後13年が経過した1958(昭和33)年のことであった。

米軍キャンプ設置による輸送力増強が求められたことから1947(昭和22)年に自社用として新造された蒸気機関車C111号。
1955.8.10　白髭浜—高島
P：湯口　徹

上巻のおわりに

江若鉄道の開通は琵琶湖の湖西岸地域に大きな利益をもたらした。それまでも鯖街道として、湖西と北陸と関西を結ぶ重要交通路であったところに鉄道が開業すると一気に町が開けてきた。滋賀県湖東地域は広大な平野があったために農耕が進んでいた地域で、近江米など米産業も発展していたが、湖西では湖岸からすぐに比良山系が迫った細長い地域で平野も少なく、街道筋として発展していた点が湖東とは異なっていた。もとより関西と北陸方面を結ぶ最短区間であったので、鉄路が造られて当然だと思われた地域であったが、鉄路も当初は湖東側より発展していった。地域から嘆願されて建設された江若鉄道は、沿線住民からは希望の光として受け入れられたことが地域の歴史を調べていると分かる。

現在はその鉄路は江若鉄道からJR湖西線に進化しているが、今でもその鉄路の重要性は江若鉄道が開通した頃と変わっていない。

高橋　修(オフィスひまわり)

キハ14＋キハ52の２両編成。昭和30年代の湖西地区はまだそれほどに住宅開発がされておらずのんびりした情景であった。　1969.10.30　滋賀付近　P：高橋　弘